DALTON RANGEL
Ocasiões especiais

Angu com ragu de linguiça

Para o angu 1 xicara de fubá • ½ xicara de leite integral • 2½ xicaras de água gelada • 1½ colher (sopa) de manteiga • sal a gosto **Para o ragu de linguiça** 2 colheres (sopa) de azeite de oliva extra virgem • ½ cebola bem picada • 2 dentes de alho bem picados • ¼ de xicara de cenoura picada em cubinhos • ¼ de xicara de salsão picado em cubinhos • 400 g de linguiça frescal, sem pele e bem picada • 100 g de tomate pelado ou molho de tomate • ½ xicara de caldo de legumes • 1 galhinho de tomilho fresco • sal e pimenta-do-reino a gosto

Angu Deixe o fubá de molho no leite com água por 20 minutos. Leve o fubá ao fogo com a manteiga, mexendo sempre, e cozinhe por mais 20 minutos. Acerte o sal e, caso engrosse muito, junte mais água para manter a textura cremosa. **Ragu 1** Refogue no azeite a cebola, o alho, a cenoura e o salsão. Junte a linguiça picadinha e deixe fritar bem, até soltar e evaporar toda a água. **2** Acrescente o tomate pelado (ou o molho de tomate) e o caldo de legumes. Diminua a intensidade do fogo, junte o tomilho, tampe a panela e deixe cozinhar por no mínimo 1 hora. Mexa de vez em quando para não grudar no fundo da panela. Caso o ragu fique muito seco, junte mais caldo de legumes. **3** Acerte o sal e a pimenta-do-reino e sirva sobre o angu cremoso.

Barriga de porco assada

1 colher (sopa) de sal • 2 colheres (sopa) de especiarias da sua preferência (sugestão: uma mistura macerada de semente de coentro e pimenta-do-reino em grãos) • 1,5 kg de barriga de porco com pele sem osso • 1 cenoura fatiada no sentido do comprimento • 3 talos de salsão picados. • manteiga para pincelar, se necessário

1 Preaqueça o forno a 200 °C. **2** Esfregue bem o sal e as especiarias por toda a barriga de porco. Disponha a cenoura e o salsão no centro. Enrole a barriga como se fosse um rocambole. Passe barbante culinário por toda a volta da peça enrolada para fechar bem e dê um nó. **3** Encaixe uma grelha dentro de uma assadeira. Coloque a barriga sobre a grelha de forma que a gordura possa escorrer para a assadeira. **4** Leve ao forno por aproximadamente 2 horas, até que a pele fique crocante e a carne, extremamente macia. Caso necessário, pincele manteiga ou qualquer outra gordura na pele para que não resseque enquanto a barriga assa.

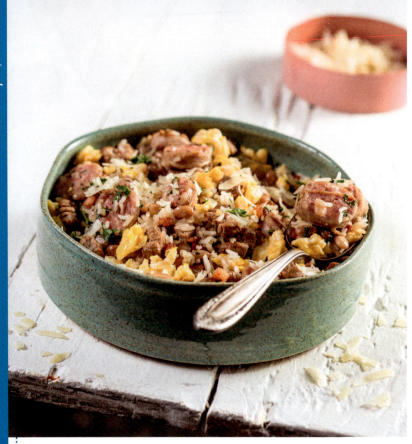

Mexidão

4 colheres (sopa) de manteiga • ½ xícara de bacon picado em cubos • 200 g de linguiça de porco • 1 cebola bem picada • 2 dentes de alho bem picados • 600 g de filé-mignon picado em cubos • sal e pimenta-do-reino a gosto • 4 ovos • 4 xícaras de arroz cozido • 1 xícara de feijão cozido sem caldo • 3 colheres (sopa) de cheiro-verde picado • ½ xícara de queijo parmesão ralado

1 Em uma frigideira, derreta a manteiga. Frite o bacon e a linguiça até ficarem douradinhos. **2** Acrescente a cebola e o alho e deixe dourar. **3** Em seguida junte a carne, tempere com sal e pimenta e deixe fritar. **4** Quebre os ovos por cima da carne e deixe formar grumos antes de mexer, como se estivesse fazendo um ovo mexido. **5** Acrescente o arroz e o feijão e misture. **6** Desligue o fogo. Finalize com o cheiro-verde e o parmesão.

Peito de boi com molho de pimentão

Para o tempero verde ½ pimentão verde sem sementes cortado • ½ cebola cortada • ½ xícara de óleo • ½ xícara de salsinha com talos • 1 colher (sopa) de sal • água gelada se necessário **Para o peito de boi** 500 g de peito de boi inteiro • 2 colheres (sopa) de tempero verde (veja receita acima) • ½ xícara de vinho tinto • 1 colher (sopa) de azeite de oliva extra virgem • 3 ou 4 xícaras de caldo de legumes • sal a gosto

Tempero verde Bata todos os ingredientes no liquidificador até obter uma pasta cremosa. Se necessário, acrescente um pouco de água gelada. **Peito de boi 1** Retire toda a gordura e os nervos do peito de boi, acrescente o tempero verde e o vinho tinto e deixe marinar por 12 horas na geladeira. **2** Passado esse tempo, retire a carne, limpando bem, e reserve a marinada. Doure a peça inteira com azeite em uma panela grande. Junte a marinada reservada e sal e deixe cozinhar bem, refogando para incorporar os sabores. Depois, vá pingando o caldo de legumes aos poucos, conforme o líquido da panela for secando, para a carne não queimar. **3** Quando a carne estiver macia, retire-a da panela. Fatie e sirva regada com o próprio caldo do cozimento.

Filé com molho de mostarda

4 medalhões de filé-mignon (300 g cada) • sal e pimenta-do-reino a gosto • 4 colheres (sopa) de azeite de oliva extra virgem • 2 colheres (sopa) de manteiga • 2 dentes de alho bem picados • 1 xicara de vinho branco • 3 colheres (sopa) de mostarda de Dijon (se for da normal, utilize 5 colheres) • ¼ de xicara de caldo de carne • ½ xicara de creme de leite fresco • cebolinha bem picada a gosto

1 Tempere as peças de filé com sal e pimenta-do-reino. **2** Em uma frigideira com azeite, grelhe os filés de todos os lados. Para atingir o ponto malpassado, grelhe 3 minutos de cada lado. Caso queira passar mais o filé, leve ao forno preaquecido a 220 °C até atingir o ponto desejado. **3** Ainda na mesma frigideira em que estão os filés, adicione a manteiga e o alho. Deixe cozinhar rapidamente até ficar douradinho. Acrescente o vinho branco e deixe cozinhar por 1 minuto, até evaporar todo o álcool. **4** Junte a mostarda, o caldo de carne e o creme de leite. Raspe bem o fundo da panela para soltar o suco que a carne deixou. Acerte o sal. **5** Sirva em seguida com o molho por cima e decorado com a cebolinha.

Rabada dos deuses

Para a rabada 1 kg de rabo de boi cortado e limpo (sem gordura) • água • ¼ de xícara de óleo • sal e pimenta-do-reino a gosto • 1 cenoura cortada em rodelas grandes • 1 cebola picada grosseiramente • 2 talos de salsão picados • 1 tomate picado grosseiramente • 1 folha de louro • suco de 1 limão **Para o manjar de milho** 1 lata de milho-verde • 1 lata de leite (use a lata de milho como medida) • 1 colher (sopa) de manteiga • 1 pacote pequeno (50 g) de queijo parmesão ralado • sal e noz-moscada a gosto

Rabada 1 Cozinhe a carne para retirar o excesso de gordura trocando a água duas vezes. **2** Em uma panela de pressão com o óleo, frite a carne, temperada previamente com sal e pimenta-do-reino, até ficar bem dourada. Acrescente a cenoura, a cebola e o salsão e continue fritando bem para desenvolver o sabor. Junte o tomate, o louro, o suco de limão e cubra com água. Feche a panela e cozinhe por aproximadamente 40 minutos. **3** Passado esse tempo, a carne deve estar desmanchando. Retire-a do caldo e desfie; coe o caldo. Coloque a carne desfiada e o caldo coado de volta na panela e leve de novo ao fogo para reduzir. Reserve. **Manjar de milho 1** Bata no liquidificador o milho com o leite. **2** Em uma panela, coloque a manteiga e a mistura de milho e espere engrossar. Quando estiver em ponto de purê, acrescente o parmesão. Tempere com sal e noz-moscada. **Montagem 1** Disponha o creme de milho em forminhas individuais untadas com manteiga e deixe esfriar para firmar. **2** Sirva a rabada ainda quente, acompanhada do manjar de milho.

Vaca atolada

Para o tempero verde ½ pimentão verde sem sementes picado • ½ cebola picada • ½ xícara de óleo • ½ xícara de salsinha com talos • 1 colher (sopa) de sal **Para a carne** 400 g de costela de boi magra • 2 colheres (sopa) de tempero verde (veja receita acima) • ⅓ de xícara de vinho tinto • 1 colher (sopa) de azeite de oliva extra virgem • 3½ xícaras de caldo de legumes • 200 g de mandioca cortada em bastões • cheiro-verde picado a gosto • sal a gosto

Tempero verde Bata todos os ingredientes no liquidificador até obter uma pasta cremosa. Se necessário, acrescente um pouco de água gelada. **Carne 1** Limpe a costela e tempere com o tempero verde e o vinho tinto. Deixe marinando por 12 horas na geladeira. **2** Passado esse tempo, retire a costela e descarte a marinada. **3** Em uma panela com azeite, doure a carne. Adicione o caldo de legumes aos poucos para não queimar. Quando a costela estiver bem douradinha, junte o restante do caldo e deixe cozinhar por aproximadamente 2 horas, em fogo médio. **4** Espere a costela cozida esfriar e leve à geladeira até que a gordura suba. Retire essa gordura e descarte. **5** Volte a costela ao fogo e acrescente a mandioca. Cozinhe em fogo brando até a mandioca ficar bem macia. Tempere com cheiro-verde e sal. Se necessário, acrescente mais caldo.

Picadinho de carne

3 colheres (sopa) de azeite de oliva extra virgem • 1 cebola grande picada em cubinhos • 2 dentes de alho picados • 500 g de alcatra cortada em cubinhos • 2 xícaras de caldo de carne • 1 xícara de tomate sem pele bem picado • ½ xícara de cenoura picada em cubinhos • ½ xícara de batata picada em cubinhos • 1 xícara de abóbora cabotiã (japonesa) picada em cubinhos • sal e pimenta-do-reino a gosto

1 Em uma panela com azeite, refogue a cebola e o alho. **2** Junte a carne e deixe fritar bem, até ficar douradinha. **3** Acrescente o caldo de carne e deixe cozinhar por 10 minutos. Junte o tomate e a cenoura. Deixe cozinhar por 3 minutos e adicione a batata. Cozinhe por mais 3 minutos e acrescente a abóbora. Tempere com sal e pimenta. **4** Com o fogo baixo, tampe a panela e deixe cozinhar até a carne ficar macia, e os legumes, al dente. Destampe a panela e cozinhe por mais 3 minutos para engrossar o molho. Acerte o sal e sirva.

Rende 4 porções

BBQ ribs

Para a costelinha 1 costelinha de porco magra e limpa • sal e pimenta-do-reino a gosto **Para o molho BBQ** 4 xícaras de ketchup (o melhor que você encontrar) • 1 xícara de açúcar mascavo • 1 xícara de vinagre de maçã (de boa qualidade) • ½ xícara de suco de maçã • ½ xícara de mel • 1 colher (sopa) de molho inglês • 1 colher (chá) de sal • 1 colher (chá) de sementes de salsão (ou de coentro) • ½ colher (chá) de pimenta rosa (aroeira) amassada • 1 cebola picada em cubinhos • 2 dentes de alho bem picados • 1 pimenta dedo-de-moça bem picada sem sementes • 1 colher (sopa) de azeite de oliva extra virgem

Costelinha Tempere a peça de costelinha com sal e pimenta-do-reino. Se fizer no forno, envolva a carne com papel-alumínio e asse a 160 °C por aproximadamente 40 minutos. Quando estiver macia, retire o papel-alumínio, aumente o forno para 220 °C e asse por mais 10 minutos para ganhar cor. Se fizer na brasa, disponha a costelinha na parte mais alta da grelha e asse bem devagar. **Molho BBQ 1** Misture em uma tigela o ketchup, o açúcar mascavo, o vinagre, o suco de maçã, o mel, o molho inglês, o sal, as sementes de salsão e a pimenta rosa. **2** Refogue a cebola, o alho e a pimenta dedo-de-moça no azeite até ficarem bem macios, por uns 4 minutos. Diminua o fogo e junte o ketchup temperado. Mexa de vez em quando para não grudar. Após 30 minutos, seu molho BBQ está pronto. Guarde na geladeira por até 1 mês. **3** Para servir com a costelinha, aqueça o BBQ e despeje por cima da carne.

Filé ao molho de pimenta verde

4 medalhões de filé-mignon (300 g cada) • sal e pimenta-do-reino a gosto • 4 colheres (sopa) de azeite de oliva extra virgem para grelhar os filés • 2 colheres (sopa) de azeite de oliva extra virgem para fazer o molho • ¼ de cebola bem picada • ⅓ de xícara de conhaque • 4 colheres (sopa) de pimenta verde em conserva • 1 xícara de caldo de carne • ½ xícara de creme de leite fresco

1 Tempere as peças de filé com sal e pimenta-do-reino. **2** Em uma frigideira com azeite, grelhe os filés de todos os lados. Para atingir o ponto malpassado, grelhe 3 minutos de cada lado. Caso queira passar mais o filé, leve ao forno preaquecido a 220 °C até atingir o ponto desejado. **3** Ainda na mesma frigideira em que estão os filés, acrescente o azeite e a cebola. Deixe cozinhar por 1 minuto para amaciar. Adicione o conhaque e, com cuidado, risque um fósforo. Coloque fogo no molho para flambar e evaporar o álcool do conhaque. **4** Quando a chama apagar, reduza para fogo baixo e adicione a pimenta verde, o caldo de carne e o creme de leite. Raspe o fundo da panela para soltar o suco que a carne deixou. Acerte o sal. **5** Sirva em seguida com o molho por cima.

Steak tartare

2 colheres (sopa) de cebola roxa bem picada • 1 colher (sopa) de mostarda amarela • 1 colher (chá) de alcaparra bem picada • 1 colher (chá) de molho inglês • 2 colheres (sopa) de salsinha fresca picada • 1 colher (chá) de molho de pimenta • 2 colheres (sopa) de azeite de oliva extra virgem • ½ xícara de quinoa • 400 g de filé-mignon limpo • sal a gosto

1 Em uma tigela, misture a cebola roxa, a mostarda, a alcaparra, o molho inglês, a salsinha, o molho de pimenta e o azeite. Reserve. **2** Coloque a quinoa em uma frigideira e leve ao fogo até ficar bem crocante. Não é necessário acrescentar óleo. Reserve. **3** Pique o filé-mignon em cubinhos na ponta da faca. Muitos restaurantes optam por servir a carne batida, quase um purê, mas prefiro sentir a textura macia e suculenta da carne, por isso pico em cubinhos. Importante lembrar que a carne escurece em contato com o ar, portanto pique a carne minutos antes de servir para manter a coloração bonita. **4** Tempere a carne com o molho e acerte o sal. Antes de servir, envolva a carne na quinoa crocante.

Frango crocante com spätzle

Para o spätzle 4 ovos • ¼ de xícara de água • 1³/⁴ xícara de farinha de trigo • sal, noz-moscada e pimenta-do-reino a gosto **Para os cogumelos** 300 g de cogumelo-de-paris • 50 g de manteiga • sal a gosto • 1 xícara de nata ou creme de leite fresco • ½ xícara de caldo de carne **Para o frango crocante** 4 filés de peito de frango • 150 g de queijo coalho cortado em palitos • sal e pimenta-do-reino a gosto • ¾ de xícara de farinha de trigo • 2 ovos • 100 g de farinha panko • 2 colheres (sopa) de salsinha picada • 100 g de manteiga

Spätzle 1 Misture os ovos e a água e acrescente a farinha de trigo aos poucos. Tempere com sal, noz-moscada e pimenta-do-reino. Bata na batedeira por 10 minutos até obter uma massa de textura mole. **2** Por cima de uma panela com água fervente, passe a massa por um ralador no modo grosso para formar pedacinhos que cairão dentro da água. Quando subirem à superfície, estão cozidos. Retire com uma escumadeira e regue com um fio de azeite. Reserve. **Cogumelos** Corte os cogumelos em quatro e refogue na manteiga. Tempere com sal. Em seguida, junte a nata e o caldo de carne. Cozinhe até engrossar e reserve. **Frango crocante 1** Faça um corte em cada filé de frango, formando um bolsa e sem separar as partes. Recheie com o queijo coalho. Tempere com sal e pimenta-do-reino. **2** Empane os filés, passando-os pela farinha de trigo, depois pelo ovo e por fim pela panko misturada com a salsinha. **3** Derreta a manteiga e frite os filés. Sirva em seguida com o spätzle regado com molho de cogumelos.

Cozinhadinho

Rende 4 porções

2 colheres (sopa) de azeite de oliva extra virgem • 1 cebola bem picada • 400 g de peito de frango picado em cubos • sal a gosto • 1¼ xícara de arroz • 1 cenoura picada em cubos • 1 batata picada em cubos • 1 litro de caldo de legumes • suco de 1 limão • orégano a gosto

1 Em uma panela com azeite, refogue a cebola. Junte o peito de frango temperado com sal e continue refogando. **2** Adicione o arroz, a cenoura, a batata, o caldo de legumes e o suco de limão. Acrescente o orégano e deixe cozinhar até que o arroz esteja macio. **3** Acerte o sal e sirva.

Aves • 14

Frango com cerveja

800 g de coxa e sobrecoxa de frango com pele • 1 cebola picada • 2 dentes de alho picados • ½ pimenta dedo-de-moça sem sementes picada • 1 canela em pau • sal e pimenta-do-reino a gosto • 1 xícara de cerveja escura

1 Tempere o frango com a cebola, o alho, a pimenta dedo-de-moça, sal e pimenta-do-reino. **2** Em seguida, disponha os pedaços de frango em uma assadeira com a pele virada para cima. Junte o pau de canela. Regue com a cerveja e cubra com papel-alumínio. **3** Leve para assar em forno preaquecido a 180 °C por 1 hora e 30 minutos. Retire o papel-alumínio e asse por mais 30 minutos, ou até que o frango esteja dourado e o molho, bem concentrado.

Galinha de cabidela

2 cebolas picadas • 1 pimentão verde picado • 1 pimenta dedo-de-moça inteira • 1 xícara de salsinha picada • sal a gosto • 4 colheres (sopa) de azeite de oliva extra virgem • 1 galinha inteira cortada em pedaços, mais o sangue da ave • 1 cenoura picada • 2 talos de salsão picados • 2 xícaras de caldo de legumes • 1 xícara de arroz parboilizado • 1 xícara de vinagre de maçã ou vinho branco • cebolinha picada a gosto

1 Em um pilão, amasse metade da cebola, o pimentão verde, a pimenta dedo-de-moça e a salsinha, tudo picado em pedaços pequenos. Adicione o sal e o azeite e amasse mais um pouco. Se não tiver pilão, use o liquidificador. **2** Tempere a galinha já cortada com a mistura do pilão. **3** Em seguida, frite a carne em uma panela com azeite e o tempero. **4** Adicione o restante da cebola, a cenoura e o salsão. Despeje o caldo peneirado até cobrir o frango. **5** Acrescente o arroz e deixe cozinhar. Por fim, quando o arroz já estiver cozido, junte o sangue de galinha misturado com o vinagre e uma pitada de sal. Cozinhe por mais 2 minutos. **6** Decore com cebolinha fresca.

Peixe thai

Para o peixe 1 peixe inteiro de aproximadamente 1 kg, sem escamas • suco de 1 limão • sal a gosto • 200 g de farinha de trigo • óleo para fritura por imersão **Para o molho de pimenta** ½ xícara de vinagre de arroz • ½ xícara de açúcar refinado • ¼ de xícara de água • 3 colheres (sopa) de molho de peixe (nam pla) • 2 colheres (sopa) de vinagre de vinho tinto • 3 dentes de alho bem picados • 4 pimentas dedo-de-moça picadas • 1 colher (sopa) de amido de milho dissolvido em 2 colheres (sopa) de água

Peixe 1 Faça alguns talhos ao longo do peixe para o tempero penetrar bem. Tempere o peixe com o suco de limão e sal e passe pela farinha de trigo. **2** Frite em óleo quente, a 160 °C, por aproximadamente 10 minutos, dependendo do tamanho do peixe. **Molho de pimenta 1** Coloque todos os ingredientes, exceto o amido de milho, numa panela e leve ao fogo alto. **2** Quando ferver, diminua o fogo e deixe cozinhar por 15 minutos ou até reduzir pela metade. **3** Acrescente o amido de milho dissolvido e mexa sem parar até o molho engrossar. **4** Retire da panela e espere amornar. **5** Sirva o peixe frito com o molho de pimenta morno.

Truta na manteiga de alcaparra

Para a truta 4 filés de truta com pele (de 150 a 200 g cada) • sal a gosto • 1 colher (chá) de cúrcuma em pó • 2 colheres (sopa) de azeite de oliva extra virgem **Para o molho de alcaparra** 1 colher (sopa) de manteiga • 2 dentes de alho picados em lâminas bem finas • 2 colheres (sopa) de alcaparra bem picada • 4 colheres (sopa) de vinho branco • 4 colheres (sopa) de creme de leite fresco • sal a gosto

Truta 1 Tempere a truta com sal e cúrcuma. **2** Em uma frigideira com o azeite, grelhe a truta com a pele para baixo por 5 minutos, ou até a pele ficar crocante e o peixe, cozido. **Molho 1** Derreta a manteiga em uma frigideira. Junte o alho e refogue. Adicione a alcaparra e deixe fritar até soltar o aroma. Despeje o vinho branco, deixe ferver por 30 segundos e acrescente o creme de leite. Desligue o fogo e acerte o sal. **2** Sirva o molho sobre a truta.

Salmão com ervas

600 g de salmão com pele e sem escamas, dividido em quatro • 1 colher (chá) de lemon pepper (tempero seco à base de limão e pimenta-do-reino) • sal a gosto • 1 xícara de endro fresco • 1 xícara de manjericão fresco • ½ xícara de azeite de oliva extra virgem • ½ cebola roxa cortada em fatias finas • ½ pimenta dedo-de-moça, sem sementes, bem picada • raspas e suco de 1 limão-siciliano

1 Tempere o salmão com lemon pepper e sal. Reserve. **2** Misture em uma tigela o endro, o manjericão, o azeite, a cebola, a pimenta dedo-de-moça, as raspas e o suco de limão e um pouco de sal. **3** Regue o salmão com a mistura de ervas e temperos. **4** Em uma frigideira, coloque o salmão com a pele virada para baixo para cozinhar em fogo baixo por aproximadamente 15 minutos. A pele vai ficar crocante e o peixe, suculento no centro. Sirva em seguida.

Escondidinho de camarão

500 g de mandioca • 1 xícara de leite • 2 colheres (sopa) de manteiga • 2 colheres (sopa) de queijo parmesão • 250 g de camarão limpo e sem casca • sal e pimenta-do-reino a gosto • suco de 1 limão • 1 colher (sopa) de azeite de oliva extra virgem • 1 cebola pequena picada • cheiro-verde picado a gosto • 1 tomate sem sementes bem picado • ½ xícara de leite de coco • queijo parmesão, para finalizar

1 Cozinhe a mandioca em água até ficar bem macia. Escorra e leve ao liquidificador com o leite e se necessário com um pouco da água de cozimento. Bata até obter um creme, leve ao fogo e acrescente a manteiga. Deixe cozinhar por alguns minutos. Adicione o queijo, mexa bem e desligue o fogo. **2** Tempere o camarão com sal, pimenta e suco de limão. Reserve. **3** Numa frigideira com azeite, refogue a cebola e o camarão. Acrescente o cheiro-verde, o tomate e o leite de coco. **4** Em um refratário, coloque uma camada fina de purê de mandioca, distribua o camarão por cima e finalize com mais purê. Polvilhe com queijo parmesão e leve ao forno para gratinar.

Bacalhau com farofa de broa

Rende 4 porções

Para o bacalhau 4 lombos de bacalhau dessalgado (200 g cada) • 1 xícara de azeite de oliva extra virgem • 16 cebolas pérola (tipo aperitivo) sem casca • 12 dentes de alho sem casca • 16 tomates-cereja • 4 raminhos de tomilho limão **Para a emulsão de pimenta biquinho** 1 xícara de pimenta biquinho em conserva drenada • ½ xícara de azeite de oliva extra virgem • 2 colheres (sopa) de mel • sal a gosto **Para a farofa de broa** 2 colheres (sopa) de azeite de oliva extra virgem • 1 dente de alho bem picado • 2 colheres (sopa) de cebola bem picada • 2 colheres (sopa) de cenoura bem picada • 2 xícaras de pão broa esfarelado • 1 colher (sopa) de salsinha picada • sal a gosto

Bacalhau 1 Acomode os lombos de bacalhau num refratário. Regue com o azeite e disponha as cebolas inteiras, os dentes de alho inteiros, os tomatinhos inteiros e os ramos de tomilho. **2** Cubra com papel-alumínio e leve ao forno preaquecido a 120 °C por aproximadamente 40 minutos. **Emulsão de pimenta biquinho** Enquanto o bacalhau estiver no forno, triture todos os ingredientes no liquidificador. Reserve. **Farofa de broa** Em uma panela com azeite, refogue o alho, a cebola e a cenoura. Adicione a farinha de broa, diminua o fogo e mexa até ficar crocante. Finalize com a salsinha e o sal. Retire o bacalhau do forno e sirva com todos os acompanhamentos.

Peixes • 21

Abóbora camaranga

1 abóbora-moranga • 2 colheres (sopa) de azeite de oliva extra virgem • 2 dentes de alho picados • 600 g de camarão-rosa médio sem casca, mais alguns inteiros para decorar • ⅔ de xícara de suco de manga concentrado • ½ xícara de caldo de legumes • 1 colher (sopa) de mostarda amarela • sal a gosto • coentro fresco picado a gosto • ½ pote de requeijão cremoso

1 Corte a tampa da abóbora e retire o miolo com as sementes. Lave bem o interior. Tampe a abóbora já limpa, cubra com papel-alumínio e leve ao forno a 180 °C para assar. **2** Em uma frigideira, coloque o azeite e o alho e refogue os camarões descascados. Deixe cozinhar até ficarem alaranjados e junte o suco de manga, o caldo de legumes e a mostarda. Tempere com sal e cozinhe até encorpar. Caso o caldo esteja muito ralo, faça uma mistura de amido de milho com água e adicione aos poucos; assim que espessar, retire do fogo e finalize com o coentro. **3** Retire a abóbora do forno e recheie com o creme de camarão. Coloque o requeijão cremoso por cima. Decore e sirva bem quente.

Tartar de salmão

400 g de salmão limpo, sem pele e sem espinhas • 4 colheres (sopa) de azeite de oliva extra virgem • raspas e suco de ½ limão-taiti • 3 colheres (sopa) de castanha de caju picada • sal a gosto • 1 colher (sopa) de salsinha fresca picada • 1 colher (sopa) de dill fresco picado

1 Pique o salmão em cubinhos. Coloque em uma tigela, encaixada em outra maior, cercada de cubos de gelo. **2** Regue o azeite sobre o salmão. Junte as raspas, o suco do limão e a castanha de caju. Acerte o sal e finalize com a salsinha e o dill. **3** Sirva gelado, com blinis ou torradinhas.

Rende 4 porções

Quiche de calabresa com erva-doce

Para a massa 500 g de farinha de trigo • 300 g de manteiga gelada cortada em cubos • sal a gosto • 1 ovo **Para o recheio** 400 g de linguiça calabresa bem picada • 1 colher (chá) de sementes de erva-doce • 100 g de requeijão cremoso • 400 ml de creme de leite fresco • 3 ovos

Massa Junte em um recipiente a farinha de trigo, a manteiga, o sal e o ovo. Misture bem, sem sovar a massa, amassando a manteiga com as mãos para que amoleça e se misture com os demais ingredientes. Assim que obtiver uma massa lisa e homogênea, leve à geladeira por 20 minutos coberta com filme de PVC. **Recheio** Frite numa frigideira quente a calabresa. Transfira para uma tigela e adicione a erva-doce e o requeijão. Junte o creme de leite e os ovos. Misture bem e reserve. **Montagem 1** Em uma fôrma de fundo removível, forre o fundo e a lateral com a massa e despeje o recheio frio por cima. **2** Leve ao forno preaquecido a 180 °C por aproximadamente 25 minutos até dourar. **3** Deixe esfriar uns 10 minutos antes de servir para que a massa ganhe resistência e não se rompa na hora de cortar.

Massas • 24

Espaguete com molho de cogumelos

2 colheres (sopa) de azeite de oliva extra virgem • 2 dentes de alho bem picados • 1 pimenta dedo-de-moça sem sementes bem picada • 100 g de cogumelo-de-paris cortado em quatro • 100 g de shitake fatiado • 100 g de shimeji (separe os buquês com as mãos) • sal e pimenta-do-reino a gosto • 300 g de espaguete grano duro • 2 colheres (sopa) de salsinha picada • queijo parmesão ralado a gosto

1 Em uma frigideira grande com azeite, refogue o alho com a pimenta dedo-de-moça. Junte os cogumelos, tempere com sal e pimenta-do-reino e refogue rapidamente para não formar muita água. Mantenha quente. **2** Cozinhe a massa em água fervente com sal até ficar al dente. Escorra. **3** Transfira a massa para a frigideira com os cogumelos e junte a salsinha. **4** Finalize com queijo parmesão e mais azeite.

Pad thai

Para o molho 1 colher (sopa) de pasta de tamarindo • ¼ de xícara de água quente • 2 colheres (sopa) de molho de peixe (nam pla) • 3 colheres (sopa) de açúcar mascavo
Para o macarrão 1 colher (chá) de amido de milho • 2 colheres (sopa) de shoyu • 1 peito de frango cortado em cubinhos • 240 g de talharim de arroz • 3 colheres (sopa) de óleo • 4 dentes de alho bem picados • ¼ de xícara de caldo de frango • 3 xícaras de broto de feijão • ½ xícara de amendoim sem casca torrado • ¼ de xícara de coentro picado

Molho Dissolva a pasta de tamarindo na água quente. Adicione o molho de peixe e o açúcar, misturando sempre muito bem para dissolver. Reserve. **Macarrão 1** Dissolva o amido de milho no shoyu e tempere o frango. Mexa bem e reserve. **2** Separadamente, hidrate o talharim de arroz em água quente até ficar al dente. Coe e banhe em água gelada para interromper o cozimento. Reserve. **Montagem 1** Aqueça uma wok ou frigideira com o óleo e refogue o alho. Mexa sem parar e junte o frango marinado e o caldo de frango. Mantenha no fogo por aproximadamente 5 minutos ou até que o frango esteja cozido. **2** Adicione o macarrão de arroz mais o molho. Deixe cozinhar por aproximadamente 2 minutos, sempre mexendo muito bem. **3** Junte o broto de feijão, desligue o fogo e finalize com o amendoim e o coentro.

Ravióli recheado com mozarela de búfala

Para a massa 300 g de farinha de trigo • 100 g de sêmola • 4 ovos • sal a gosto
Para o recheio 200 g de mozarela de búfala ralada • $1/3$ de xícara de azeite de oliva extra virgem • sal a gosto **Para o molho** 2 dentes de alho picados • 5 hastes de manjericão fresco • $1/3$ de xícara de azeite de oliva extra virgem • 600 g de tomate pelado picado • sal a gosto

Massa Junte todos os ingredientes até obter uma mistura homogênea e lisa; não precisa sovar. Embrulhe a massa em filme de PVC e reserve por 30 minutos. **Recheio** Misture em uma tigela todos os ingredientes e reserve. **Montagem 1** Estique a massa com o auxílio de um rolo até que fique bem fina. Se usar a máquina de macarrão, passe pelo cilindro pelo menos 10 vezes para que ganhe elasticidade e fique bem lisinha. **2** Abra a massa no ajuste mais fino que conseguir. Disponha sobre a bancada e recheie. Com um pincel, passe água nas bordas da massa, ao redor do recheio. Cubra com outra tira de massa. Corte com um cortador ou com uma carretilha. Reserve os raviólis polvilhados com sêmola para não grudarem. **Molho** Refogue o alho e o manjericão no azeite. Acrescente o tomate e deixe apurar. Tempere com sal. **Finalização** Cozinhe o ravióli em água fervente com sal e sirva com o molho.

Panqueca de carne

1½ xícara de molho de tomate • 1 xícara de molho branco **Para a massa** 1 xícara de leite integral • 1½ xícara de farinha de trigo • 2 ovos • 3 colheres (sopa) de óleo • 1 colher (chá) de sal • 1 colher (sopa) de óleo para untar a frigideira **Para o recheio** 2 colheres (sopa) de azeite de oliva extra virgem • 50 g de bacon picado em cubinhos • 400 g de alcatra picada em cubinhos • sal e pimenta-do-reino a gosto • ½ cebola picada em cubinhos • 1 dente de alho bem picado • ½ folha de louro • 1 colher (sopa) de extrato de tomate • ½ xícara de vinho tinto • 1 xícara de caldo de carne • 100 g de queijo parmesão ralado

Massa 1 Bata todos os ingredientes no liquidificador até obter uma massa lisa. Caso fique muito espessa, acrescente mais leite; se ficar muito rala, adicione mais farinha. **2** Unte uma frigideira com óleo. Quando estiver quente, despeje a massa com uma concha. Gire a frigideira para espalhar bem a massa. O ideal é fazê-la o mais fina possível. Caso necessário, vire a massa na frigideira com a mão ou com o auxílio de um prato para dourar dos dois lados. Reserve os discos de massa prontos. **Recheio 1** Em uma panela com azeite, frite o bacon até dourá-lo. Junte a carne, temperada com sal e pimenta, à panela com o bacon. O fogo nesse momento deve estar bem alto para fritar a carne e evitar que ela solte água. **2** Quando ela estiver bem douradinha, reduza o fogo, adicione a cebola e o alho e refogue. Junte o louro, o extrato de tomate, o vinho tinto e o caldo de carne. **3** Tampe a panela e deixe cozinhar até o molho secar e a carne ficar bem macia. Acerte o sal, retire do fogo e deixe esfriar antes de rechear as panquecas. **Montagem** Recheie as panquecas com a carne, enrole-as e transfira-as para uma travessa ou assadeira com um pouco de molho de tomate por baixo. Cubra as panquecas com mais molho de tomate, um pouco de molho branco e queijo parmesão. Leve ao forno preaquecido a 180 °C por 15 minutos. Sirva bem quente.

Risoto de limão-siciliano

5 a 6 xícaras de caldo de legumes (da sua preferência) • 4 colheres (sopa) de azeite de oliva extra virgem • ½ cebola picada em cubinhos • 2 xícaras de arroz para risoto (arbóreo, carnaroli ou vialone nano) • ½ xícara de vinho branco • suco e raspas da casca de 1 limão-siciliano • ½ xícara de queijo parmesão ralado • 2 colheres (sopa) de manteiga • sal a gosto

1 Em uma panela, coloque o caldo de legumes para esquentar. Assim que ferver, abaixe o fogo e mantenha aquecido. **2** Em outra panela com o azeite, refogue a cebola. Adicione o arroz e cozinhe por 1 minuto. Junte o vinho e espere que o álcool evapore. **3** A partir daí, comece a acrescentar conchas de caldo quente ao arroz. Mexendo com frequência, incorpore o caldo até que o arroz esteja cozido al dente. **4** Desligue o fogo, adicione o suco de limão, o parmesão ralado e a manteiga. Misture bem para trazer cremosidade e brilho ao risoto. Acerte o sal. **5** Na hora de servir, polvilhe com as raspas de limão-siciliano.

Farofa de banana

100 g de manteiga • 1 cebola picada em cubinhos • 4 dentes de alho bem picados • 2 bananas-prata médias maduras picadas • 150 g de farinha de mandioca fina • 100 g de farinha de milho flocada • sal a gosto • 2 colheres (sopa) de salsinha picada

1 Em uma panela com a manteiga, frite a cebola e o alho até ficarem bem dourados. Você vai notar que a manteiga vai começar a espumar. Quando atingir esse ponto, fique atento para não queimar a cebola e o alho. **2** Junte as bananas e refogue. Adicione a farinha de mandioca e a de milho. Diminua o fogo e torre as farinhas por poucos minutos. Acerte o sal, desligue o fogo e acrescente a salsinha. Sirva quentinha.

Purê de abóbora

500 g de abóbora cabotiã (japonesa) com casca • 6 colheres (sopa) de azeite de oliva extra virgem • 2 colheres (chá) de páprica doce • 4 galhinhos de tomilho • sal a gosto • 8 dentes de alho com casca

1 Lave bem a casca da abóbora. Após higienizada, corte em fatias de aproximadamente um dedo de espessura. **2** Tempere com metade do azeite, a páprica, o tomilho e o sal. **3** Transfira tudo para uma assadeira, junte o alho e leve ao forno preaquecido a 180 °C por 40 minutos. **4** Assim que a abóbora estiver bem assada e macia, retire do forno e passe para outro recipiente. **5** Desfolhe os galhos de tomilho e descasque o alho. Junte tudo à abóbora. **6** Com o auxílio de um garfo, amasse a abóbora com as folhas de tomilho e o alho para fazer um purê rústico. Acrescente o restante do azeite, acerte o sal e sirva em seguida.

Salada de manga apimentada

½ cebola roxa cortada em fatias bem finas • 2 mangas palmer maduras sem casca cortadas em fatias finas • ½ pimenta dedo-de-moça sem semente cortada em fatias bem finas • suco de ½ limão-taiti • 1 colher (sopa) de molho de soja (shoyu) • ½ xícara de castanha de caju picada grosseiramente • folhas de coentro a gosto • sal a gosto

1 Coloque a cebola em uma tigela com água filtrada e gelo. Deixe descansar por 20 minutos nessa água bem gelada para suavizar o ardor e tirar o excesso de acidez. Retire da água, escorra bem. **2** Transfira a cebola para uma tigela e junte a manga e a pimenta dedo-de-moça. Regue com o suco de limão e o molho de soja. Misture com cuidado para não desmanchar as fatias de manga. **3** Polvilhe a castanha de caju por cima, espalhe as folhas de coentro e tempere com sal. Deixe descansar por 15 minutos na geladeira antes de servir.

Salada de quinoa com abacate e tomate

Rende 4 porções

2 colheres (sopa) de azeite extra virgem • 2 dentes de alho picados em cubinhos • ½ cebola picada em cubinhos • 1½ xícara de quinoa • 1 colher (chá) de curry • 2 xícaras de caldo de legumes • ½ abacate picado em cubinhos • 2 tomates sem sementes picados em cubinhos • 1 pepino picado em cubinhos • 6 azeitonas pretas • 1 cebola roxa bem picada • 2 colheres de sopa de azeite de oliva extra virgem, para temperar • sal e pimenta-do-reino a gosto • salsinha a gosto

1 Em uma panela com azeite, refogue o alho e a cebola. Acrescente a quinoa, o curry e o caldo de legumes. Cozinhe até a quinoa ficar bem macia. Deixe esfriar. **2** Caso sobre caldo, descarte. O ideal é que a quinoa fique macia e sequinha. **3** Numa saladeira, misture o abacate com o tomate, o pepino, a azeitona e a cebola roxa. Adicione a quinoa à temperatura ambiente. **4** Tempere com o azeite, sal e pimenta-do-reino e misture bem. Finalize com as folhas de salsinha.

Acompanhamentos

Salada tailandesa

Para o molho 2 dentes de alho amassados • 1 colher (sopa) de amendoim torrado sem casca amassado • 1 pimenta dedo-de-moça sem sementes bem picada • ½ colher (sopa) de açúcar mascavo • 4 colheres (sopa) de água • 1 colher (sopa) de molho de soja (shoyu) • suco de ½ limão **Para a salada** 1 xícara de vagem branqueada • sal a gosto • 2 xícaras de camarão médio sem casca, com rabo • 2 xícaras de mamão papaia verde ralado grosso ou cortado em fios • ½ cenoura ralada grosso ou cortada em fios • 1 colher (sopa) de amendoim torrado sem casca

Molho Em um recipiente, misture o alho amassado com o amendoim amassado, a pimenta dedo-de-moça, o açúcar, a água, o molho de soja e o suco de limão. **Salada 1** Corte as extremidades das vagens e leve a uma panela com água fervente e sal. Deixe cozinhar por aproximadamente 2 minutos. É importante retirar quando estiver al dente. Faça o mesmo com o camarão. **2** Misture numa tigela o mamão, a cenoura, a vagem, o camarão e o amendoim torrado. Coloque o molho e sirva gelado, em tigelas individuais.

Cuscuz paulista

½ xicara de azeite de oliva extra virgem • 1 xicara de cebola ralada • 3 dentes de alho picados • ½ xicara de cenoura ralada • 2 xicaras de aspargo fresco picado • 4 palmitos em conserva bem picados • ½ xicara de ervilha • 1 xicara de milho-verde • 2 colheres (sopa) de salsinha bem picada • 2 pimentas dedo-de-moça bem picadas • ½ xicara de azeitonas verdes sem caroço bem picadas • 2 xicaras de farinha de mandioca em flocos • 3 xicaras de farinha de milho • 1 litro de caldo de legumes • 2 ovos cozidos cortados em fatias • ½ pimentão amarelo cortado em fatias • sal a gosto

1 Numa panela com metade do azeite, refogue a cebola e o alho até ficarem dourados. **2** Acrescente a cenoura e o aspargo e deixe cozinhar por aproximadamente 5 minutos. **3** Adicione o palmito, a ervilha e o milho e deixe refogar por mais alguns minutos. **4** Junte a salsinha, a pimenta dedo-de-moça, a azeitona, as farinhas e o caldo de legumes. Tempere com sal. Mexa bem e deixe cozinhar por mais 5 minutos. Preste atenção para a massa não secar muito, deve ficar úmida. Retire do fogo. **5** Numa fôrma redonda com furo no meio previamente untada com azeite, arrume o ovo e o pimentão. Despeje a massa por cima e pressione. Deixe na geladeira por pelo menos 2 horas para firmar. **6** Desenforme e sirva em temperatura ambiente.

Empadinha de frango

1 gema para pincelar **Para a massa** 4 xicaras de farinha de trigo • ⅓ de xicara de manteiga • 2 gemas • ½ xicara de água com sal **Para o recheio** 4 colheres (sopa) de azeite de oliva extra virgem • 1 cebola bem picada • 2 dentes de alho bem picados • 500 g de peito de frango cozido e desfiado • ½ colher (sopa) de extrato de tomate • ½ colher (sopa) de amido de milho • ½ xicara de leite • sal e pimenta-do-reino a gosto

Massa Misture todos os ingredientes até obter uma massa homogênea. Se ficar muito seca, acrescente um pouco mais de manteiga. Forme uma bola de massa, embrulhe em filme de PVC e deixe na geladeira até usar. **Recheio** Numa panela com azeite, doure a cebola e o alho. Deixe cozinhar em fogo baixo por aproximadamente 5 minutos. Junte o frango e o extrato de tomate e refogue até dourar o frango. Dissolva o amido de milho no leite e acrescente aos poucos ao refogado. Mexa bem e deixe cozinhar por mais 5 minutos. Tempere com sal e pimenta. Reserve até esfriar. **Montagem** Retire a massa da geladeira e abra com um rolo. Corte discos de massa com um cortador ou com a boca de um copo e forre forminhas de empada. Preencha com o recheio e cubra com o restante da massa. Bata a gema e pincele a superfície das empadinhas. Leve ao forno preaquecido a 180 °C por aproximadamente 20 minutos ou até dourar a massa.

Bruschetta de tomate e manjericão

6 fatias grandes de pão italiano • 4 colheres (sopa) de azeite de oliva extra virgem • 2 dentes de alho picados • 4 tomates médios bem maduros sem semente e picados em cubos médios • ½ xícara de folhas de manjericão • sal a gosto • 50 g de queijo parmesão ralado

1 Leve o pão ao forno para aquecer. Não deixe que fique muito crocante. **2** Em uma frigideira muito quente com o azeite, coloque o alho e deixe dourar. Junte os tomates picados e cozinhe por 2 minutos. **3** Desligue o fogo, junte o manjericão e tempere com sal. **4** Para montar as bruschettas, disponha a mistura de tomate por cima de cada fatia de pão. Polvilhe com o parmesão, regue com um fio de azeite e sirva quente.

Rende 6 porções

Petiscos • 37

Buffalo wings

Para o frango 24 coxinhas da asa do frango, com pele • suco de 1 limão • sal e pimenta-do-reino a gosto • óleo para fritar **Para o molho picante** 2 colheres (sopa) de manteiga • ½ colher (sopa) de farinha de trigo • 1 vidro de molho de pimenta

Frango Tempere as coxinhas da asa com limão, sal e pimenta. Deixe marinar por 20 minutos. Passado esse tempo, frite em óleo quente até ficarem cozidas por dentro e crocantes por fora. Reserve. **Molho picante** Derreta a manteiga e junte a farinha. Cozinhe até borbulhar e escurecer um pouco. Adicione o molho de pimenta e cozinhe por mais 1 minuto. Retire do fogo e reserve até esfriar. **Montagem** Sirva as coxinhas da asa com o molho de pimenta.

Doce de leite do gosto com gosto

1 litro de leite cru (sem ser pasteurizado, diretamente da vaca) • ½ xícara de açúcar refinado

1 Misture os dois ingredientes até dissolver o açúcar. **2** Leve ao fogo baixo, mexendo sempre muito bem, até levantar fervura leve. **3** Continue mexendo por aproximadamente 4 horas ou até o leite ficar com textura de creme. **4** Retire do fogo. Transfira para um recipiente limpo, deixe esfriar, tampe e mantenha na geladeira.

Rende 10 porções

Rende 4 porções

Profiteroles com calda de chocolate

Para a massa ½ xicara de água • 2 colheres (sopa) de manteiga sem sal • sal a gosto • ½ xicara de farinha de trigo • 2 ovos **Para a ganache** ½ xicara de creme de leite sem soro • 150 g de chocolate meio amargo cortado em pedaços pequenos **Para o recheio** 200 g de sorvete de creme

Massa 1 Leve ao fogo uma panela quente com a água, a manteiga e um pouco de sal. Deixe derreter a manteiga. **2** Acrescente a farinha, mexendo bem para não empelotar. Deixe cozinhar até a massa soltar do fundo da panela. **3** Coloque a massa na batedeira e deixe bater bem devagar, esfriando aos poucos. Adicione os ovos, ainda com a batedeira ligada, até obter uma massa homogênea. **4** Quando a massa estiver fria, coloque-a em um saco de confeitar. Sobre uma assadeira, aperte o saco de confeitar e faça bolinhas. **5** Leve ao forno preaquecido a 200 °C por 10 minutos, depois baixe a temperatura para 180 °C e deixe por mais 10 minutos. **Ganache** Aqueça o creme de leite até quase ferver. Retire do fogo e misture com o chocolate. Deixe descansar por 5 minutos, até o chocolate derreter por inteiro. Misture bem e reserve em temperatura ambiente. **Montagem** Corte as bolinhas ao meio e recheie cada uma com sorvete de creme. Disponha em uma taça e despeje a ganache por cima.

Sobremesas • 40

Quindim

60 g de coco ralado fresco • 30 g de manteiga sem sal em temperatura ambiente • 4 gotas de extrato de baunilha • 1¼ xícara de açúcar • 10 gemas peneiradas

1 Numa tigela, misture todos os ingredientes, exceto as gemas. **2** Adicione as gemas peneiradas e misture delicadamente. Depois de acrescentá-las não bata a mistura: isso clareia a massa e muda a estrutura do quindim. **3** Em forminhas untadas com manteiga e polvilhadas com açúcar, distribua a massa. Leve ao forno preaquecido a 180 °C, em banho-maria, até o quindim ganhar consistência e firmar.

Charlotte de chocolate

200 g de chocolate meio amargo bem picado • 125 g de manteiga sem sal • 6 ovos (gemas e claras separadas) • 75 g de açúcar cristal • 300 g de biscoito tipo champanhe • 300 ml de leite

1 Aqueça uma panela com água. Em uma tigela, combine o chocolate com a manteiga e leve para o banho-maria. Cuidado para que em nenhum momento pingue água no chocolate: isso fará com que ele desande. Quando derreter, retire do fogo e deixe esfriar por 10 minutos. **2** Bata as gemas com o açúcar em uma batedeira até ficar um creme clarinho. Esse processo demora uns 10 minutos. Leve as gemas ao banho-maria e cozinhe por 5 minutos, batendo sempre com um fouet (batedor de arame). Transfira para a tigela com o chocolate, misture e reserve. **3** Com a batedeira limpa e bem seca, bata as claras em neve. Misture com o chocolate cuidadosamente para não perder a aeração das claras. **4** Molhe os biscoitos levemente no leite. Quebre os biscoitos na mão e disponha no fundo de taças ou copos. Faça camadas de chocolate e de biscoito até terminarem os ingredientes. **5** Leve à geladeira por no mínimo 6 horas antes de servir.

Rende 8 porções

Sagu de uva

15 xícaras de água • ½ xícara de sagu • 3 xícaras de suco de uva integral • 4 colheres (sopa) de açúcar • 1 canela em pau

1 Em uma panela, adicione 3 xícaras de água e o sagu. Deixe ferver e retire o sagu (repita esse processo 5 vezes, sempre lavando muito bem em água corrente para retirar o excesso da goma). Reserve. **2** Ferva o suco de uva com o açúcar e a canela em pau. Após levantar fervura, adicione o sagu e deixe cozinhar até ficar macio.

Tiramisu

3 ovos (claras e gemas separadas) • 6 colheres (sopa) de açúcar • 250 g de queijo mascarpone • 1 caixa de biscoito tipo champanhe • 2 colheres (chá) de café solúvel em pó dissolvidas em 1 xícara de água ou 1 xícara de café forte • 1 xícara de chocolate em pó

1 Em uma tigela, misture as gemas e o açúcar. Leve ao banho-maria, mexendo sempre muito bem com um fouet (batedor de arame) até cozinhar a gema e dissolver todo o açúcar. O ponto certo é quando a mistura ficar levemente espumosa. Esse processo deve demorar por volta de 10 minutos. Tire o recipiente do banho-maria e leve para o gelo para interromper o cozimento. Junte o mascarpone. **2** Bata as claras em neve. Junte com o mascarpone, misturando delicadamente. Reserve. **3** Numa travessa, espalhe uma camada do creme de mascarpone. Molhe os biscoitos no café e disponha sobre o creme. Alterne essas camadas até utilizar todos os ingredientes. Alise a superfície com o auxílio de uma espátula. **4** Leve à geladeira por no mínimo 3 horas. Antes de servir, polvilhe o chocolate em pó.

Petit gâteau

250 g de chocolate meio amargo • 100 g de manteiga sem sal • 3 claras • 5 gemas • ¼ de xícara de açúcar • ⅓ de xícara de farinha de trigo

1 Derreta o chocolate com a manteiga em banho-maria. Cuidado para não pingar água dentro do chocolate: isso fará com que ele desande. **2** Bata as claras em neve na batedeira e reserve. **3** Também na batedeira, bata as gemas com o açúcar até dobrar de volume. Misture as gemas batidas ao chocolate derretido. Junte as claras em neve ao creme de chocolate. Acrescente a farinha aos poucos e delicadamente. Cubra o recipiente e leve à geladeira por 1 hora, no mínimo. **4** Unte forminhas individuais com manteiga e farinha. Com o auxílio de uma colher, disponha a massa de chocolate até a metade da fôrma. **5** Leve ao forno preaquecido a 180 °C por aproximadamente 8 minutos. O ideal é retirar do forno quando o meio estiver mole e as bordas, cozidas. **6** Desenforme e sirva a seguir.

Rende 6 porções

Brownie

500 g de chocolate meio amargo • 200 g de manteiga sem sal • 6 ovos • 4 gemas • 300 g de açúcar • 250 g de farinha de trigo • 1 xicara de nozes picadas

1 Derreta o chocolate com a manteiga em banho-maria. Cuidado para não pingar água dentro do chocolate: isso fará com que ele desande. **2** Bata os ovos e as gemas com o açúcar na batedeira por 10 minutos. **3** Misture delicadamente os ovos batidos com o chocolate usando uma espátula **4** Peneire a farinha de trigo e incorpore ao creme de chocolate. Adicione as nozes. **5** Forre uma fôrma com papel-manteiga (caso não tenha, unte com manteiga e polvilhe com farinha de trigo) e despeje a massa. Leve ao forno preaquecido a 180 °C por aproximadamente 20 minutos.

Índice das receitas

Abóbora camaranga 22
Angu com ragu de linguiça 2
Bacalhau com farofa de broa 21
Barriga de porco assada 3
BBQ ribs 10
Brownie 46
Bruschetta de tomate e manjericão 37
Buffalo wings 38
Charlotte de chocolate 42
Cozinhadinho 14
Cuscuz paulista 35
Doce de leite do gosto com gosto 39
Empadinha de frango 36
Escondidinho de camarão 20
Espaguete com molho de cogumelos 25
Farofa de banana 30
Filé ao molho de pimenta verde 11
Filé com molho de mostarda 6
Frango com cerveja 15
Frango crocante com spätzle 13
Galinha de cabidela 16
Mexidão 4
Pad thai 26
Panqueca de carne 28

Peito de boi com molho de pimentão 5
Peixe thai 17
Petit gâteau 45
Picadinho de carne 9
Profiteroles com calda de chocolate 40
Purê de abóbora 31
Quiche de calabresa com erva-doce 24
Quindim 41
Rabada dos deuses 7
Ravióli recheado com mozarela de búfala 27
Risoto de limão-siciliano 29
Sagu de uva 43
Salada de manga apimentada 32
Salada de quinoa com abacate e tomate 33
Salada tailandesa 34
Salmão com ervas 19
Steak tartare 12
Tartar de salmão 23
Tiramisu 44
Truta na manteiga de alcaparra 18
Vaca atolada 8

Copyright © 2016 Dalton Rangel.
Copyright desta edição © 2016 Alaúde Editorial Ltda.

Todos os direitos reservados. Nenhuma parte desta edição pode ser utilizada ou reproduzida – em qualquer meio ou forma, seja mecânico ou eletrônico – nem apropriada ou estocada em sistema de banco de dados sem a expressa autorização da editora.

O texto deste livro foi fixado conforme o acordo ortográfico vigente no Brasil desde 1º de janeiro de 2009.

Produção editorial: Editora Alaúde
Coordenação: Bia Nunes de Sousa
Revisão: Carla Bitelli, Rosi Ribeiro Melo
Capa e projeto gráfico: Rodrigo Frazão
Fotos: Luna Garcia (Estúdio Gastronômico)
Agenciamento: 2mb Licenciamento, Marketing, Representações

Impressão e acabamento: Ipsis Gráfica e Editora S/A
1ª edição, 2017

Dados Internacionais de Catalogação na Publicação (CIP)
(Câmara Brasileira do Livro, SP, Brasil)

Rangel, Dalton
    Ocasiões especiais / Dalton Rangel. -- São Paulo : Alaúde Editorial, 2016.

    ISBN 978-85-7881-397-0

    1. Culinária (Receitas) 2. Gastronomia I. Título.

16-08613   CDD-641.013

Índices para catálogo sistemático:
1. Receitas culinárias : Gastronomia 641.013

2017
Alaúde Editorial Ltda.
Avenida Paulista, 1337
conjunto 11, Bela Vista
São Paulo, SP, 01311-200
Tel.: (11) 5572-9474
www.alaude.com.br

Compartilhe a sua opinião
sobre este livro usando a hashtag
#OcasiõesEspeciais
nas nossas redes sociais:

 /EditoraAlaude
/EditoraAlaude
 /AlaudeEditora